MW00954077

Amelia Boman

HANJIN
CAFFE
Molinari

MUSANGKING
DURIAN DESSERT CAFE
榴蓮甜
컨디션
발 足 마사지
3·4F
condition massage
マッサジ
Body & Foot Massage
겐로쿠
우동
꼬치구이
GOBDI GOUN
곱디고운
GOBDI GOUN
TONYMOLY
SKINFOOD
VDL
Nature Collection
카이스트
眼鏡院
디디치킨
Holika Holika
Big Sale
DD炸鸡
ic! berlin
光
BIG
19,000₩

Heungkuk

崇禮門

닥터 성형외과 의원
김포공항
GIMPO AIRPORT
강남터미널
GANGNAM BUS TERMINAL
테헤란로
TEHERAN-RO
잠실[롯데월드]
JAMSIL (LOTTE WORLD)
잠실(롯데월드)
JAMSIL (LOTTE WORLD)
6000
우등
Airport Limousine
서울 70
사8298
462

LOTTERIA

미래를 품다
화폐 속 문화유산
2019
01.03-
05.12
한국은행 소장
미술 명품전
한국은행 화폐박물관

현대건설
明政殿
明政門
弘化門
185

並尊坐道
比如

崇政門

중앙도서관
Central Library

별마당 도서관
emart24

SINCE 1987
미스족
suriya
퓨전주점
수리야
DVD
DVD_VOD
키스톤
Beer pub
No
형제들
감자탕
서울불고기
24 영업

프리미엄 원룸텔
원더하우스
02.927.6171
warawara
Fruits
꼼보포차
청춘예찬
Pub&Dining
MOJITO PLACE
DVD
Full HD
Cinema
대형스크린
진동의자
영화+팝콘+커피
무료셀프바
마사지
노래연습장
J MAKEUP
DVD
영화관
진동의자
육회본가
DVD
VR
라이브
7080
포시즌
B1
단란주점
₩3,800원
BAR
썬텐
육회
16,000원
TOL

한국경제
SHINHUNG

황소곱창
황소곱창
GRAND OPEN
LG
교수곱창
황소곱창
치즈곱창
육가네
부추막창
치즈곱창

4F 02-335-0170
Cafe
모든안주 3700원
삼.칠.포차
끼부린감성충전
삼칠포차
모든안주 3700원
삼.칠.포차
신촌에 없던 새로운 보드게임Cafe
마이턴
보드게임 다트 포켓볼 단체룸 병맥주 칵테일
Beer
불러불러 노래방
Biru Biru Music station
B1
노래방
B1
육갈탕
1시간 + 1시간
1시간 + 1시간 써비스
커플룸
마이턴
보드게임
Cafe

용산역앞
용산역
Stn(KTX)
서울역
Seoul Stn(KTX)
삼각지역
동작대교
국립중앙박물관
서울역
삼각지역
전자상가
좌회전
직진
직진
60

인사마루
전통 찻집
Coffee & Tea
인사마루
요거트
스무디
생과일
쥬스
함흥냉면 인사면옥 육개장 전문점
Korean Restaurant
인사면옥
함흥냉면
육개장
茶, 咖啡, 点心, 红豆刨冰, 甜红豆粥
お茶, コーヒー, お菓子, こおりあずき, パッチュク
함흥냉면 인사면옥 육개장
인사
면옥
함흥
냉면
인사동에서
가장 오래된
한식·냉면전문점
함흥냉면
인사동에서
가장 오래된
함흥냉면 전문점

CPSIA information can be obtained
at www.ICGtesting.com
Printed in the USA
BVHW061821051222
653488BV00016B/102

* 9 7 8 1 6 7 2 8 1 5 6 5 9 *